AF296108

L'OMBRE

DE

POINSINET.

LETTRE A MADAME ***.

A LONDRES.

1770.

L'OMBRE
DE POINSINET

___

LETTRE

A MADAME DE ***

Quittez votre campagne, Madame, & revenez embellir Paris. Vous n'avez plus de prétexte qui puisse justifier votre absence. Le Démon, le Lutin, le Revenant, comme il vous plaira le nommer, n'habite plus votre voisinage. Tout est calme dans la rue Croix-des-Petits-Champs. Il n'y a plus d'Esprit. Chacun se demande ce qu'il est devenu. Les plaisans disent qu'il est allé s'établir dans l'Ecreigne de

A ij

Troyes, ou dans quelque autre Académie de province, ou l'on cherche des esprits; mais c'est une erreur. Je vous entends d'ici me demander par quelle magie on a dépossédé des violons & des basses qui avoient le diable au corps pour aller, venir, sauter, jouer sans qu'on les touchât. Je puis satisfaire votre curiosité à cet égard, & je me hâte de le faire. Mais allons par ordre, & suivons la marche des événemens.

D'abord vous avez conjecturé, avec assez de fondement, que le Lutin avoit du goût pour la musique. Cette conjecture paroît justifiée par la conduite subséquente de cet esprit follet : *de lui-même & sans efforts*, c'est-à-dire sans y être forcé, dès que la salle de l'opéra s'est trouvée débarrassée d'ouvriers, il est allé s'y loger, à la grande satisfaction du luthier, chez qui il habitoit en attendant un asyle plus décent. C'est donc à l'opéra qu'il s'est installé. Il s'y amuse à désespérer les directeurs & l'architecte. Il ne se montre point aux yeux. C'est à l'organe de l'ouïe qu'il se rend sensible.

(5)

Il a pris le rôle de cette nymphe qui, pour avoir fâché Junon par son babil, fut condamnée à ne jamais parler la premiere, & qui s'en dédommage en voulant toujours avoir le dernier mot. Bref, le Lutin s'est fait Echo. C'est un métier facile; demandez plutôt à M. de . . .

Comme les ordonnateurs du spectacle ne sont ni magiciens ni sorciers, ils ont cru d'abord qu'un polisson, caché dans un coin, prenoit plaisir à leur faire niche. L'un d'entre eux disoit assez haut: *il me semble entendre quelqu'un qui nous persiffle derriere ces cloisons*. Une voix assez forte répéta: *oisons*. Animés de colere, ils courent à l'endroit d'où vient le son qui les chagrine. L'un, en courant, disoit : tu vas me le payer, si je t'attrape. Le polisson prétendu répond à l'autre bout de la salle : *je t'attrape*. L'architecte se fâche, & dit : je vais le prendre en un tour de main. *Demain* fut entendu de quatre côtés. Sa colere redouble ; il se met à courir, en criant : *ne le laissez pas échapper, il est là, garre. La garre*, *la garre* fut répété plusieurs fois, & le coureur s'imagine encore qu'on veut lui dire une injure. Vous auriez ri, Madame, de voir de graves perſonnages faire les écoliers qui veulent attraper un papillon. Encore les écoliers voient-ils leur papillon. Cette ſcene plaiſante le devint bien davantage, par l'arrivée ſucceſſive des chanteurs & chanteuſes qui venoient pour eſſayer leurs voix dans la nouvelle ſalle.

Une baſſe-taille parut le premier. Après avoir touſſé, craché, fait des mouvemens de tête comme un cheval qui s'ennuie d'être bridé, il entonna : *les tems ſont arrivés*, puis il s'arrêta pour entendre l'effet de ſon organe. L'air ondula pendant deux ſecondes *hés, hés, hés. Ceſſez, triſtes cahos :* pareille ondulation *hos, hos, hos.* Cela ne fâcha point cet acteur émérite. Il eſt perſuadé que les tremblottemens de la voix ſont bien plus agréables que des ſons filés & ſoutenus. Mais il ſe fâcha rudement à la fin de l'air, Il crut qu'avec une cliquette

de la petite poſte, on faiſoit la parodie de
ſon chant. Sa colere n'étoit point mal fon-
dée. On pouvoit s'y méprendre, tant l'é-
cho rendit bien la cadence finale *obéir, ir,
ir, ir, aux dieux.* Une princeſſe chanta en-
ſuite; elle ſe courrouça pareillement, &
dit avec dignité aux directeurs: Meſſieurs,
ou faites huiler vos portes, ou défendez
qu'on les ouvre pendant que je chante. En
effet, chaque fois qu'elle avoit reſpiré,
on entendoit comme le bruit d'une porte
qui traîne, ou celui d'une poulie mal
graiſſée. Un troiſieme prit l'écho pour un
amateur qui chantoit après lui pour ap-
prendre ſes airs. Il le gourmanda après une
tenue, & lui cria: *au moins chantez juſte.
Chantez juſte* lui fut renvoyé. Le tour de ſa
compagne vint. Elle trouva que ſon imi-
tateur ôtoit toutes les conſonnes des paroles qu'elle articuloit, pour ne laiſſer entendre que les voyelles. Encore les alté-
roit-il ces voyelles, pour les approcher de
l'*a.* Il lui ſembla auſſi qu'il chevrottoit les
cadences, & les faiſoit à la tierce.

A iv

Je ne finirois point, Madame, fi je vou-
lois vous détailler les plaintes de ces Meffieurs & de ces Demoifelles. Vous vous
étonnerez peut-être qu'ils aient reconnu
dans des fons répercutés, des défauts dont
ils ne s'appercevoient pas dans des fons di-
rects. Leur oreille, direz-vous, eft-elle
moins fenfible aux accents qui fortent de
leur bouche, qu'à ceux qui leur font ren-
voyés par l'écho ? Vous auriez raifon, fi
l'écho n'avoit pas été, pour eux, une perfonne dont ils fentoient les ridicules,
tandis que la vanité les aveugloit fur leurs
défauts perfonnels. Ils étoient comme cette
jolie femme de notre connoiffance, qui a
réfifté à la malignité de la petite vérole &
aux rafraîchiffemens du docteur... La
premiere fois qu'elle fe mira après fa guéri-
fon, elle crut voir une femme horrible-
ment laide, qui fe plaçoit entre elle & fon
miroir pour lui faire peur.

Nos gens piqués ont fi bien pris le
change à cet égard, qu'ils fe font cru pu-
bliquement raillés ; &, pour en avoir ven-

geance, ils fe font mis à courir comme les autres, & mieux encore ; car l'expérience ne leur avoit pas appris que le finge étoit difficile à faifir.

Après avoir couru long-tems fans fuccès, nos Meffieurs ont fait venir la garde. Ils ont pofté des foldats dans tous les coins. Voyons fi tu nous railleras encore. Au mot *encore* qui fut répété, on donne ordre de chercher, d'arrêter le mauvais plaifant. Un foldat, qui, dans fa jeuneffe, a fait le métier de bûcheron dans la forêt de Fontainebleau, leur a fait entendre qu'il n'y avoit là perfonne, & leur a expliqué, de fon mieux, ce que c'étoit qu'un écho. Son explication ne les a point fatisfaits. Ils ont donc fait prier M. l'Abbé... de fe tranfporter dans la nouvelle falle. On lui a promis fes entrées *gratis*, & le titre de phyficien de l'opéra, où la phyfique expérimentale eft d'un grand ufage. Il a entendu la répétition des fons. Il en a expliqué favamment le méchanifme. « L'air, a-t-il dit, eft un corps élaftique. » La voix met l'air en mouvement. Lorf- » que l'air, mu par la voix, va frapper

» contre une furface élaftique, il eft réflé-
» chi, & forme un angle de réflection égal
» à fon angle d'incidence ». On n'a point
compris ce difcours. On l'a prié de parler plus clairement. « Comparons (a repris
» le phyficien) la falle de votre opéra à un
» jeu de paume (ce ne fera point trop
» forcer la comparaifon). Suppofons que
» la voix eft une balle, dont les poumons
» des chanteurs font la raquette. Lorfque
» la balle ou la voix va frapper contre le
» mur, elle rebondit droit vers le joueur,
» fi le joueur l'a pouffée droit contre le
» mur ; elle rebondit de biais, s'il l'a pouffée
» de biais, & forme alors, en allant & reve-
» nant, les deux jambes d'un V tout-à-fait
» pareilles, c'eft-à-dire également évafées
» ou rapprochées ». On a compris cela.
« Toutes les cloifons que vous avez éle-
» vées entre les loges, font autant de re-
» pouffoirs qui renvoient la voix & for-
» ment des échos. Si on les fupprimoit ces
» cloifons, ce feroit déja quelque chofe de
» gagné. Si, aux murs élaftiques & folides,
» on fubftituoit des corps *mols*, des corps

(11)

» *sans résistance* , des corps *absorbans* , l'or-
» gane , en les choquant , s'amortiroit ,
» comme il arrive à la paume , lorsque
» la balle est poussée contre les toiles lâ-
» ches ». On a encore compris ceci.

Pour faire cette expérience , confor-
mément aux observations du physicien ,
on a placé , dans les endroits qui formoient
écho , les danseuses & les demoiselles des
chœurs. Vous devinez bien , Madame ,
que la voix n'a plus été réfléchie; mais il est
arrivé pis. Vous ne le devineriez pas. Les
petits mots que ces demoiselles se disoient
tout bas , ont été répétés tout haut.
M. l'Abbé.... qui a de la pudeur , a pris
la fuite en se signant , en assurant qu'il y
avoit à cela une diablerie , qui mettoit sa
physique artificielle en défaut devant la
physique naturelle (1).

____

(1) C'est bien dommage que M. l'Abbé... soit parti
si-tôt ; il avoit des observations physiques à faire sur la
salubrité du spectacle. Heureusement il les a écrites à
MM. les directeurs. La lettre m'est parvenue. Vous en
trouverez la copie à la fin de celle-ci. Puisse-t-elle vous
plaire , Madame , & vous éclairer sur votre santé !

Voilà nos gens encore plus embarraſſés qu'auparavant. Les diables, les magiciens de l'opéra convenoient qu'ils avoient trouvé leur maître, & il leur falloit un remede. Ils ont découvert, à force de recherches, dans le fauxbourg Saint-Marceau, un magicien célebre, qui fait faire tourner le ſas, nouer & dénouer l'éguillette, jouer de la verge de coudrier, lire tout courant dans le grimoire. On l'envoye chercher en grande pompe. Il arrive à l'opéra. Après avoir prononcé, en langage barbare, des mots qu'il ne me ſeroit ni permis ni poſſible de répéter, il a dit : « le Lutin va ſe rendre viſible. » Soyez attentifs à ſes diſcours. Je le force, » par mon art, à expliquer la cauſe du dé- » ſordre qu'il apporte, & les moyens de l'ar- » rêter. Sur-tout gardez-vous de l'interrom- » pre ». A l'inſtant on a vu une petite figure rabougrie, have, décharnée, à qui il manquoit une dent. « Je ſuis (a-t-elle dit avec » emphaſe) l'ombre du grand Poinſinet, » qui a eu l'avantage unique d'être applau- » di ſur nos trois théatres en un jour. Les

» éloges de la France ne fuffifoient plus à
» mon ambition. J'ai voulu aller recevoir
» de nouvelles couronnes en Efpagne, &
» m'approcher de la fource des tréfors.
» Vaine efpérance ! François, le Guadal-
» quivir a englouti votre Orphée. Après
» avoir paffé le fombre bord, on m'a con-
» duit au tribunal de Minos. J'ai demandé
» place dans l'Elifée. On a voulu voir
» mes titres. J'ai préfenté mes œuvres.
» Qu'on leur faffe fubir l'épreuve, a dit le
» juge redoutable ; qu'on les jette dans le
» Léthé. Qu'allez-vous faire, me fuis-je
» écrié ? Ne crains rien. Elles furnageront
» fi elles font dignes d'échapper à l'oubli.
» Hélas, qu'ai-je vu ! Une pierre ne fe feroit
» pas précipitée plus rapidement. Tom-
» Jones & le Cercle ont flotté. Mais que me
» ferviroit de déguifer la vérité ? Les addi-
» tions qu'y ont fait des gens de génie,
» étoient, pour ces deux pieces, le corfet
» de cet Abbé célebre, qui, à force de cal-
» culs algébriques, a fait avec du liége
» ce que les petits garçons ne peuvent faire

» qu'avec des veffies. Hernelinde, fur qui
» je fondois une plus douce efpérance, eft
» demeurée entre deux eaux. Elle y étoit
» foutenue par quelques feuillets qui fe
» préfentoient à la furface. On y lifoit:
» *ouverture, airs de ballet;* en un mot, la
» mufique qui n'étoit point appefantie par
» les paroles Norvégiennes. *Exclus de l'E-*
» *lifée,* a prononcé Minos. Et pour te pu-
» nir d'avoir gâté un beau plan qui t'avoit
» été donné, d'avoir confumé vainement
» le génie d'un muficien illuftre, d'avoir
» contribué, de tout ton petit pouvoir, à
» maintenir le mauvais goût & la déraifon
» d'un fpectacle qui devroit faire la gloire
» & les plaifirs d'une nation aimable &
» polie, *condamné* à errer dans le vuide de
» l'opéra, jufqu'à ce qu'il ne choque plus
» ni la raifon ni les fens. *Voilà mon arrêt.*
» Vous cherchez à rendre mon fupplice
» éternel, je le vois. Mais attendez-vous à
» fentir ma vengeance. Mon invifibilité
» n'eft plus une miftification : j'en uferai
» pour vous tourmenter. Je ferai.... Mais

» plutôt éclairez - vous. Corrigez des dé-
» fauts qui vous couvriroient de ridicule,
» en prolongeant ma peine. Détruifez ces
» colonnes de treillage, trop foibles, mal-
» gré les cercles qui les entourent, pour
» fupporter un énorme entablement, avec
» les gros anges que vous y avez cloués.
» Vainement direz-vous qu'elles devien-
» dront folides, lorfque vous y aurez en-
» cagé les gens qu'on appelle piliers de l'o-
» péra. La raifon bleffée ne fe paie pas d'un
» bon mot. Abattez ces cloifons, qui for-
» ment de vos loges autant de confeffion-
» naux. Je fens bien que vous les avez éle-
» vées pour l'utilité, pour la décence, &
» pour avoir des locataires affurés. Mais
» vous auriez dû fentir qu'un fpectacle na-
» tional ne doit point être formé d'une
» multitude de boudoirs ; que le plaifir de-
» vient plus vif lorfqu'il fe généralife ; que
» douze convives affis à la même table
» éprouvent des fenfations plus délicieufes
» que douze moines qui mangent leur por-
» tion chacun dans fa cellule. Pourquoi le

» parterre juge-t-il plus fainement que les
» loges ? C'eft que les impreffions fe com-
» muniquent de proche en proche. On s'é-
» lectrife réciproquement. Démofthenes
» n'auroit jamais ému les Athéniens, fi
» les Athéniens, pour l'entendre, s'étoient
» nichés dans des cages à poulets. Dites-
» moi pourquoi vous avez fait un plafond
» rond dans une falle qui eft une demi-
» ovale ? Pourquoi la pefante charpente
» de ce plafond eft-elle portée par des arcs
» en peinture, fur-tout lorfque ces arcs
» ne portent fur rien ? Pourquoi les vices
» font-ils repréfentés dans ce plafond ?
» Que ne les laiffiez-vous dans les couliffes ?
» Avez-vous cru que leur vue feroit agréa-
» ble dans un lieu où tout doit refpirer le
» plaifir fans licence ? Pourquoi y avez-
» vous peint le ciel & les dieux ? Vous au-
» riez dû fentir que ce feroit un double
» emploi, lorfque le théatre repréfen-
» tera le ciel, & qu'une grifette en co-
» tillon de callemandre & fouliers crot-
» tés, nous montrera dans un nuage une

divinité

» divinité de la ceinture en haut ; que
» ce fera une contradiction, lorfque la fcene
» fera dans les enfers. Le fpectateur pourra-
» t-il fe croire tranfporté dans le palais de
» Pluton & le féjour des ombres, lorfqu'il
» verra le dieu du jour & un beau ciel au-
» deffus de fa tête » ? Pourquoi ? . . . Mais
M. Poinfinet, s'écria un des directeurs......
A l'inftant l'ombre redevint invifible, &
garda le filence. J'en fuis bien aife pour
nos Meffieurs.

***

LETTRE DE M. L'ABBÉ ***.

A Meffieurs les Directeurs de l'Opéra.

Sɪ j'avois pu refter ce matin plus long-
tems avec vous, Meffieurs, je vous aurois
fait part de mes réflexions fur la falubrité
de votre Spectacle ; le bien public & votre
intérêt m'en faifoient une loi. Mais je n'ai
pu tenir aux *joyeufetés* de vos Demoifelles ;
un homme qui n'a pas le fou n'aime point
qu'on lui crie aux oreilles, *argent du gros*

B

lot ; le prix des effets qui ont cours sur la place n'intéresse que les gens de finance ; les bons mots des petits soupers n'agréent point à ceux qui se couchent sans souper. Ce que je n'ai pu vous dire, je vais vous l'écrire, Messieurs, vous en ferez l'usage qu'il vous plaira. Dans mes loisirs je pense à l'opéra, & j'ai observé que ce qu'on appelle à Paris *la bonne compagnie* dîne très-fort, très-tard & très-long-tems. L'heure du spectacle est le moment précis de la digestion : trois mille personnes s'entassent dans un lieu fermé, & la plus grande partie s'y trouve dans une attitude contrainte & serrée ; il est impossible que chaque assistant, pour satisfaire aux loix de la nature, ne laisse évaporer sourdement deux ou trois exhalaisons mâles ou femelles ; ceux qui ont un caractere plus ouvert peuvent aller jusqu'à dix & douze, sans compter les expectorations supérieures, car tout passe à la foule dans l'*incognito*, & la recette est plus forte les vendredis. Ce n'est donc point une exagération que d'évaluer chaque assis-

tant à trois évaporations par tête , *ou au-*
trement ; or la réunion de ces vapeurs per-
fides compofe un corps d'armée de neuf
mille atomes circulans , qui viennent indé-
cemment affiéger le nez & les yeux de
l'honorable affiftance. L'on voit les vapeurs fuligineufes s'élever du centre , fe
former en tourbillon & répandre un brouil-
lard opaque dans l'athmofphere qui envi-
ronne l'affemblée ; la gorge & les poumons
font abreuvés d'un air âcre qui picotte ,
qui provoque la toux , & qui peut occa-
fionner des vapeurs en agiffant péfamment
fur des organes fenfibles & délicats ; joi-
gnez à cette intempérie la réunion de trois
mille haleines , dont beaucoup ne font pas
auffi pures qu'un beau ciel ; ajoutez-y le
rapport laborieux des eftomacs qui tra-
vaillent ; fupputez les effets de la tranfpi-
ration naturelle que la chaleur occafionne
de la tête aux pieds ; mettez enfin en ligne
de compte l'évaporation des lumieres ,
l'onctuofité des fuifs & la fermentation des
corpufcules , ou l'acrimonie des vapeurs :

vous conviendrez alors que le spectacle n'est qu'un pot-pourri funeste à la santé en hiver, & mortel en été. Si le plaisir, si la curiosité, si le bon ton n'en faisoient pas les honneurs, nos tempéramens débiles & voluptueux oseroient - ils s'y rendre ? iroient-ils chercher le meilleur prédicateur dans une position aussi incommode ? Non, assurément ; il falloit donc, pour l'honneur de l'art, chercher à diminuer le volume des inconvéniens ; on emploie les ventilateurs dans les vaisseaux, dans les maisons, pour pomper les vapeurs infectes & les forcer de circuler dans la région supérieure de l'air : l'odeur, en montant, respecte l'odo-rat des mortels, & ne frappe que celui des sylphes qui se promènent dans la région éthérée ; c'est ce secret qu'il falloit employer pour purger l'auditoire de ces exhalai-sons échauffées & mal - saines, comme on purge aujourd'hui les maisons & les rues, du *caput mortuum* qui les infectoit. Des ventouses artistement distribuées au-roient renouvellé l'air, auroient établi la ſalubrité , & en fondant la gloire de nos artiſtes , auroient fourni des modeles pour toutes les ſalles de ſpectacle de l'Europe ; les médecins qui blâment les aſſemblées du théatre, n'auroient plus de prétexte pour en défendre l'habitude. Ne craignez-vous pas encore que les plus empreſſés & les plus curieux ne vous ſachent mauvais gré d'avoir employé des ouvriers à l'huile, au lieu de les prendre ſimplement en dé-trempe. La mauvaiſe odeur qui doit en ré-ſulter ſe mariera à toutes les autres , & vous riſquez de faire beaucoup d'entêtés. Plus d'une femme ne vous pardonnera pas d'avoir ſi peu ménagé ſa tête , car elles ſont intraitables ſur ce chapitre. Elles ſe cour-rouceront de ce qu'avant la repréſentation , l'on n'aura pas loué la ſalle pendant un an , pour en faire un grenier à foin, au lieu de leur réſerver le rôle des bottes. Je ne vois pas trop comment vous échapperez à ce reproche , à moins que vous ne placiez , aux quatre coins & au milieu de la ſalle , des caſſolettes de parfums , & des fontaines d'eau de fenteur ; encore rifquerez-vous de foulever tous ceux qui craignent les odeurs.

J'aurois encore beaucoup d'autres ob-fervations particulieres à vous faire ; mais l'on croiroit peut-être que je veux faire éta-lage d'érudition. Je me contenterai de vous dire en général, qu'il n'en eft pas des ou-vrages d'architecture comme des œuvres d'un homme de lettres. Celui-ci n'emploie que du papier qui s'efface, qui périt ou qui fert à des ufages profanes & journaliers. L'architecte au contraire emploie une ma-tiere durable & permanente. S'il lui échappe des balourdifes, la poftérité impartiale lit pendant cinq cents ans, malgré elle, fur la pierre, en gros caractere : MON ARTISTE FUT UNE PÉCORE. Ses fautes ne s'effa-cent pas d'un trait de plume, comme celle du littérateur qui fe corrige à chaque édi-tion ; mais vous, au contraire, vous êtes immuables comme Pilate. *Quod fcripfi, fcripfi.* Ces confidérations doivent vous rendre plus circonfpects, & vous engager à laisser mûrir vos talens par une profonde méditation. Je rends hommage aux vôtres, en avouant, avec douleur, que la perfection n'est accordée à aucun ouvrage humain, &c.

FIN.

9 782019 996840